BANQUE AGRICOLE

DE

CRÉDIT ET DE CIRCULATION.

BANQUE AGRICOLE

DE

CRÉDIT ET DE CIRCULATION

PAR

MM. Th. MARESTAING et L. LAPALME.

PARIS

TYPOGRAPHIE DE E. et V. PENAUD FRÈRES,

RUE DU FAUBOURG-MONTMARTRE, 10.

1848

BANQUE AGRICOLE

DE

CRÉDIT ET DE CIRCULATION.

Au milieu de la confusion étrange d'idées et de principes que la révolution de février a dû produire, tous les esprits aventureux se sont donné carrière. Chaque jour, chaque heure presque, a produit son système sauveur. Les uns, faisant table rase, enfantaient toute une organisation sociale nouvelle; d'autres proposaient de reconstruire l'ordre social avec les débris même dont le sol était jonché; quelques-uns, cependant, comprenaient qu'une société ne se transforme pas en un jour, qu'il y a une solidarité nécessaire entre le passé, le présent et l'avenir, et que c'était à retrouver ce rapport de justice et de vérité, trop méconnu quelquefois, que devaient tendre les hommes

qui ne se payent pas de mots, les hommes sé-
rieux et spéciaux.

Mais, malheureusement, l'esprit de nou-
veauté, qui n'est pas toujours l'esprit de pro-
grès, a entraîné la plus grande partie des intel-
ligences. On a visé au système, et au système
embrassant l'ensemble de tous les besoins so-
ciaux ; on a voulu à tout prix une panacée
qui pût s'appliquer à tout ce qui souffrait, au
commerce, à l'industrie, à la classe ouvrière,
et cependant les souffrances continuent, et le
crédit, tant appelé, ne répond pas.

C'est qu'il n'y a pas de remède universel,
selon nous, parce que chacune des branches
de l'activité sociale a des besoins spéciaux.

Aussi, nous pensons que, pour arriver au
but, il ne faut pas généraliser, mais bien, qu'on
nous passe le mot, *spécialiser*.

C'est donc une question spéciale que nous
venons, d'après nos principes, soumettre à la
sollicitude des hommes qui, dans l'Assemblée
nationale ou dans la presse, ont action sur l'o-
pinion publique.

Elle est, selon nous, la première de toutes,

car elle a pour objet la véritable richesse nationale, l'agriculture.

La position topographique de la France in-
dique avant tout et surtout un pays agricole.
Là est sa richesse, là doit être sa force, là aussi
doit être sa grande préoccupation; car, c'est
par l'agriculture surtout qu'elle pourra relever
le travailleur de cette espèce de déchéance
morale et physique que l'industrie, telle qu'elle
est entendue par trop de monde encore, a pu
lui infliger.

Améliorer, vivifier l'agriculture par un bon
système de crédit, c'est améliorer le sort du
plus grand nombre; car c'est presque résoudre
le problème de la vie à bon marché.

Pour arriver efficacement à l'amélioration
réelle de l'agriculture en France, pour secou-
rir son industrie, il ne faut pas s'arrêter à des
demi-mesures, à des systèmes illusoires. Il
faut prendre le mal à sa racine, l'embrasser
dans toute son étendue et y remédier d'une
manière large.

Vouloir chercher à tâtonner et ne pas abor-
der franchement la question, c'est s'exposer à
faire revivre, plus âpre que jamais, ce ver

rongeur de l'usure et de l'agiotage qui est la ruine de l'agriculture.

Le mal à réparer est grand, tout le monde le sait et gémit de la dépréciation constante de la fortune publique. A quoi l'attribuer? A la cherté de l'argent et du prêt hypothécaire qu'elle subit encore.

La statistique de tous les conseils généraux de France démontre clairement que le taux de l'intérêt hypothécaire est en moyenne de 7 1/2 à 8 pour 100. Or, est-il possible que l'agriculture qui entrera dans cette impasse funeste d'emprunt à 8 pour 100, puisse jamais parvenir, non-seulement à rembourser le capital, mais même à faire exactement le service des intérêts?

Le propriétaire qui, faute d'avances, peut à peine suffire à l'exploitation la plus restreinte de son bien, et entretenir le cheptel absolument indispensable, pourra, s'il trouve de l'argent à bon marché, se livrer avec un avantage certain, à ce que nous appelons l'industrie agricole, telle que la production de tous les bestiaux en général, qui, au bénéfice de la vente, augmenterait, par les engrais, la fertilité de la terre, et serait ainsi une double source de revenu pour lui et de travail assuré pour un plus grand nombre de bras.

Améliorer les conditions de la production agricole, c'est amener infailliblement une plus grande abondance de denrées et rendre les prix de plus en plus accessibles à la masse.

La moyenne du prix du blé a été de 23 fr. par hectolitre, dans les dix années qui viennent de s'écouler; ce prix est exorbitant pour la classe ouvrière. Nous croyons pouvoir dire que, si l'agriculture était efficacement secourue, cette moyenne descendrait d'un gros tiers. Ce serait une diminution de près de 4/9es pour la dépense la plus courante du peuple. Le vin, si peu accessible à la classe ouvrière dans certaines parties de la France, subirait une diminution proportionnellement plus forte que celle des céréales. La viande, par la reproduction énorme de tous les bestiaux abondant sur les marchés, suivrait au moins la décroissance du prix des denrées du sol.

Ainsi, et sans perturbation d'aucun intérêt légitime, cette grande question du bien-être de l'ouvrier, si délicate, si importante, si juste dans son but, serait résolue; car, avec le salaire d'aujourd'hui que l'on dit insuffisant, il serait aussi heureux que par une augmentation, les dépenses vitales étant diminuées des 4/9es.

Pour enlever à l'agriculture la lèpre qui la dévore, pour rendre ses relations plus nombreuses avec la classe nécessiteuse de la société, il faut faire pour elle ce qui a été déjà fait pour le commerce et ce qui se fait tous les jours, créer une Banque agricole, non pas sur des fictions ou des imitations dangereuses des procédés d'un autre temps, mais sur des procédés pratiques connus et acceptés.

Le commerce, dont la solidité repose sur le crédit, sur des opérations qui n'entraînent avec elles rien de certain, qui est exposé à toutes les perturbations des crises politiques, à mille chances diverses de temps, de lieux, d'opportunité, a trouvé aide et secours dans la création de Banques qui, en mettant en circulation six et jusqu'à sept fois la valeur des réserves monétaires ou représentatives de leurs caisses, ont pu lui procurer de l'argent toujours et relativement à bon marché. Comment se pourrait-il que l'agriculture, qui offre par elle-même toutes les garanties possibles, l'agriculture, à l'abri

des chances de perte si nombreuses qui assié-
gent tout le commerce, dont en grande partie
elle est la source, pût rester ainsi déshéritée ?

Ce fait anormal a frappé tous les esprits ;
mais il est arrivé qu'au lieu de chercher à changer cet état de choses, au lieu de chercher du
crédit pour l'agriculture et par elle, au moyen
de l'expérience du passé et du présent, on a
voulu faire servir le sol de garant à tous les intérêts ; au lieu de doubler la richesse publique
en augmentant, par des secours bien entendus,
la production actuelle, les uns ont voulu mo-
biliser la propriété, en faire une valeur par-
cellaire et courante, une réalité monétaire par
décret ; d'autres enfin, ont proposé des moyens
tellement insuffisants, qu'il suffit de quelques
mots pour en démontrer l'inefficacité.

En système de finance, en principe pratique
et régulier, la première de toutes les conditions de crédit, pour tout billet de banque, est
d'abord l'origine monnayée et ensuite l'opération sur laquelle il repose. Changer violem-
ment ce principe, admis par le monde commercial tout entier, c'est faire de l'utopie, c'est
exposer sa création à un échec infaillible.

Nous dirons donc, tout d'abord et nettement, que nous ne comprenons pas un établissement de crédit sans fonds de garantie et de roulement. Malheureusement tous les systèmes proposés jusqu'à ce jour, roulent sur cette idée de papier-monnaie émis par l'État sans fonds primordial de garantie et sans obligation de remboursement. Il semble que parce que l'Etat aura mis sa griffe sur un effet public, la confiance s'y attachera et le préférera au numéraire à valeur intrinsèque. Ne sommes-nous pas témoins cependant de la dépréciation des bons actuels du trésor?

Croit-on que si, comme tant de voix l'y convient sous diverses formes, l'État faisait une création de billets de banques ou *billets du sol* jusqu'à concurrence du montant de la dette hypothécaire en France, ayant cours légal et forcé, ces billets auraient le crédit qu'on attend?

Mais à la première difficulté politique ou sociale, rien ne serait moins assuré. Ce serait immanquablement s'exposer encore à la dépréciation qui exista sous la république de 93, pour les assignats.

Pour qu'une création pareille puisse être

faite d'une manière irréprochable, il faut une surveillance incessante et un moyen de contrôle direct ; où peut-il se trouver d'une manière plus certaine, que dans les remboursements qui se font tous les jours en temps normal à la caisse instituée à cet effet ? C'est une surveillance de toute minute et de tout instant ; dès qu'il y a un billet faux l'éveil est donné, et aussitôt ceux-là même qui en sont détenteurs n'osent plus les mettre en circulation.

Pourquoi, en 93, les assignats furent-ils falsifiés en aussi grande quantité ? parce que le système péchait par sa base ; l'émission primitive n'émanait pas d'un fonds de roulement quel qu'il fût, il n'y avait pas de contrôle, il n'existait que l'obligation du papier légal et forcé, aussi quelle dépréciation subit-il ? elle fut si forte, qu'à la fin elle réduisit le capital nominal dans les campagnes à 1/8 pour 100.

Cependant, on disait alors ce qu'on dit aujourd'hui : Nous n'allons émettre que pour le montant des biens nationaux. Et puis, comme il n'y avait que l'intérêt d'un seul, celui de l'Etat, la circulation augmentait suivant les besoins à un degré extraordinaire; plus elle était grande, plus la contrefaçon en était facile.

Les partisans du système d'aujourd'hui, disent : l'Etat en créant des billets territoriaux ne le fait pas pour son utilité personnelle, il ne le fait qu'en vue de l'intérêt du propriétaire. Cela serait très-bien, si l'Etat arrivait à titre d'inspecteur, pour assurer que celui ou ceux à qui il accorderait la même autorisation qu'il s'arroge ne vont pas au-delà des limites posées.

Mais qui garantira qu'il ne se servira pas, dans des besoins pressants, de la faculté d'émettre une plus grande quantité de billets, que ceux demandés par les propriétaires? Rien ne pourrait l'assurer, aucune garantie ne serait donnée aux capitalistes; et puis, comme il faut, ainsi qu'il a été dit plus haut, un contrôle de chaque instant, il n'existerait pas par ce seul fait qu'il n'y aurait pas de caisse journalière pour les pointer et les vérifier dans les échanges incessants. N'y eût-il d'ailleurs que cette seule crainte de la falsification, ce système serait impraticable.

Elever les valeurs fictives au titre de l'argent monnayé, augmenter les richesses de tous par le crédit de tous, telle doit être la tendance de tous ceux qui veulent faire quelque chose de durable. Tout ce qui s'écartera de ce système tombera ; le point fondamental de toute émission de papier doit donc être une caisse instituée pour rembourser. Si l'on s'en écarte, ou l'argent sera caché, ou il s'expatriera ; dans tous les cas, les valeurs monétaires fictives suivront cette échelle : plus l'argent monnayé sera rare, plus les valeurs conventionnelles seront dépréciées. Nous ne sommes plus au temps où il est possible de déclarer que la valeur du numéraire est nulle et que les valeurs nominales ont seules le droit de circulation ; l'expérience nous en a démontré l'abus, il faut donc faire coïncider la valeur du numéraire d'un côté, avec celle de la monnaie factice de l'autre ; on ne peut y arriver qu'en ménageant les intérêts de ceux qui ont des besoins, et l'intérêt de ceux qui ont du superflu.

La propriété foncière, territoriale et immobilière, doit environ 13 milliards 500 millions, sur une valeur estimée 45 milliards. C'est donc à peu près un tiers de son importance qui est dû. De là, il faut déduire près de 2 milliards d hypothèques dotales, puis 1 milliard d'hypothèques judiciaires prises sur des immeubles présents et à venir, contre des débiteurs qui ne possèdent rien, c'est environ 10 milliards qui seraient dûs par la propriété territoriale et immobilière.

Dégréver la propriété de cette charge énorme qui l'écrase doit étre le premier but à atteindre. Le second, aussi important, est d'aider par des prêts à bon marché aux améliorations agricoles. Un remède qui n'arriverait pas en définitive à ce double résultat serait incomplet et inefficace.

Il ne faut donc pas reculer devant une large mesure, comme nous le disions plus haut ; il faut donc un grand capital et de grands moyens de circulation.

Cette large mesure et ce grand moyen, voici comment nous les comprenons, comment nous comprenons une Banque de crédit appliquée à l'agriculture.

Il serait créé une Banque agricole dont le siége principal serait à Paris, et qui aurait une succursale dans chaque chef-lieu de département.

Cette Banque serait autorisée à émettre des

billets au fur et à mesure des demandes de prêts qui lui seraient faites par la propriété.

L'émission pourrait s'élever jusqu'à six fois le capital de création. Les billets seraient de 50, 100, 200, 500, 1000 et 2000 fr.

Le capital social serait fixé au chiffre de 500 millions.

Il serait fait au moyen d'un emprunt forcé, décrété par l'Assemblée nationale et progressivement imposé sur les capitaux et le foncier.

Nous ne nous sommes pas dissimulé la gravité, dans les circonstances difficiles où se trouve le pays, du moyen que nous proposons pour créer le capital social; mais, d'une part, tout appel volontaire serait sans résultat; de l'autre, cette nouvelle charge, proportionnellement reportée sur un ou plusieurs exercices, ne serait en réalité bien écrasante pour personne. Enfin, il s'agit non pas seulement d'utilité publique, mais d'augmentation évidente de richesse pour l'agriculture d'abord, et par elle de bien-être pour tous.

Pour ouvrir un crédit aux agriculteurs, la Banque exigerait :

1° Qu'il fût adressé par le propriétaire demandeur, au directeur départemental, un exposé de la somme dont il aurait besoin, de la valeur qu'il donne à sa propriété, de tous les titres qui peuvent constater son droit de propriété, et s'il était marié, son contrat de mariage ;

2° Sur les pièces produites et après qu'il aurait été constaté qu'elles sont régulières et que toute sécurité est acquise à la Banque, le directeur, d'accord avec le conseil de régence du département, enverrait sur les lieux deux experts ;

3° Les deux experts feraient, contradictoirement avec le propriétaire lui-même, l'estimation exacte de la valeur réelle des immeubles, et la Banque dès-lors ouvrirait un crédit au propriétaire.

Après que la Banque aurait fixé le chiffre qui serait donné au propriétaire, elle lui délivrerait une feuille dite de *crédit*, signée en double par le directeur et le propriétaire agricole ou urbain ; elle porterait le montant du crédit ouvert par le conseil de régence.

Sur le verso de la feuille serait relaté le

montant des sommes prises et les échéances du remboursement. Le propriétaire, au moyen de cette feuille de crédit, pourrait, au fur et à mesure de ses besoins, aller prendre ce qui lui serait nécessaire jusqu'à l'épuisement du crédit alloué.

L'intérêt de tout prêt fait par la Banque agricole ne dépassera jamais 3 pour 100, et 3 1/2 pour la retenue des intérêts.

La Banque, pour ne pas avoir à s'occuper du service des intérêts qui, en général gênent et préoccupent le propriétaire, retiendra en *dedans* le montant des intérêts depuis le jour du prêt jusqu'à l'échéance. Le propriétaire, au moyen d'un amortissement annuel, en prenant des valeurs à la Banque agricole, choisies dans son portefeuille, pourra, à l'expiration de son crédit, rembourser tout ou partie de la somme.

Il est facile d'expliquer l'utilité de l'intérêt retenu *en dedans*. Qui est-ce qui gêne le propriétaire, le force à vendre ses produits, à se mettre sous la dépendance de prêts usuraires pour payer d'autres prêts aussi usuraires, à sacrifier ses denrées, à les vendre désavantageusement et presque à tout prix, ou bien encore à consigner chez des tiers, pour des avances de fonds que les frais et les commissions rendent encore plus onéreux que la vente forcée? C'est le service annuel des intérêts. Au moyen de l'intérêt retenu pour toutes les années, depuis la délivrance des fonds jusqu'au remboursement, il peut, en calculant ses divers besoins, organiser ses ventes selon qu'il le juge convenable, sans être pressé ni contraint.

Si maintenant certains propriétaires, n'améliorent pas leur sol, il faut s'en prendre à la cherté de l'argent devant laquelle ils reculent. L'agriculteur qui ne ferait rien pour améliorer son bien, parce qu'il ne peut pas et ne veut pas payer 8 pour 100 d'intérêt, sera trop heureux de recevoir à 3 pour 100, l'argent qui fécondera sa terre, et qui, en lui créant une occupation plus variée, assurera ses revenus de toutes manières, par les diverses branches d'industrie qu'il trouvera sur son immeuble.

Il ne faut pas se le dissimuler, ne voir dans la propriété qu'une production de denrées, est une erreur profonde, car avec elle et de l'argent à bon marché se développent les industries de l'élève de toutes les races de bestiaux. Inévitablement l'agriculture florissante servira essentiellement à l'industrie en général. C'est une question de temps, mais qui n'est pas douteuse.

Comme il a été déjà dit, on ne pourra, avec 4 millards, ni solder les 10 milliards qui sont dûs par hypothèque, ni faire les avances nécessaires à l'amélioration de l'agriculture.

Pour pouvoir établir de quelle manière la Banque agricole pourvoira à tous les besoins, il est indispensable d'exposer les rouages intérieurs de l'administration.

La Banque, en ouvrant un crédit à son débiteur, fera inscrire ce crédit au bureau des hypothèques, sans autres frais que ceux d'un demi pour 100 au bénéfice du trésor ; son rang d'inscription comptera à partir du jour où il sera pris, que son débiteur putatif utilise ou non son crédit ; il faut cette sécurité ; sans cela, chaque fois qu'il serait demandé des fonds, la banque aurait toujours à vérifier si des inscriptions avaient été prises dans l'intervalle et cela gênerait ses opérations.

Il est bon d'ajouter qu'en dehors de tout ce qui sera contenu dans le contrat de mariage pour les paraphernaux inconnus, la banque aura, par dérogation à la lettre du Code civil, un droit de priorité.

Lorsque le débiteur, qui, par exemple, aura un crédit de 50,000 francs à la Banque, bien constaté pour l'espace de dix ans, viendra chercher 10,000 francs, il sera obligé de souscrire une lettre de change de pareille somme, à l'ordre de la Banque, en prenant pour limite l'échéance de son traité, afin que cette dernière puisse en faire la négociation, si elle le juge convenable, et selon ses besoins. On la lui escomptera en lui retenant l'intérêt de dix ans à 300 pour 1, soit 3,000 francs, et il recevra 7,000 francs sans être tenu à aucun service d'intérêt ; la dixième année, il remboursera le capital.

La Banque, par ses statuts, exigeant d'une manière rigoureuse toutes les pièces du propriétaire, offrira plus de sécurité aux capitalistes, que ne lui en présentaient les intermédiaires qui s'occupaient de cette nature d'affaires antérieurement, en ne se laissant influencer par aucune considération d'intérêt personnel. Elle sera autorisée à négocier aux capitalistes, selon ses besoins, les traites contenues dans son portefeuille, qui offriront d'un côté les garanties de l'immeuble, et de l'autre du fonds social d'un milliard. La mobilisation du sol n'existera pas d'une manière immédiate, mais bien celle de la valeur, parce qu'en endossant l'effet qu'elle négociera au capitaliste, elle lui cédera avec sa garantie celle du débiteur et de sa propriété.

Les capitalistes, à qui déjà 4 milliards auront été remboursés par le seul fait de la création de la banque et de son institution, embarrassés de leurs fonds, n'hésiteront pas à prendre en toute sécurité des valeurs qui leur seront données par elle et avec son endossement.

Mais on objectera que notre projet est une imitation du crédit commercial ; sans doute nous l'imitons, mais nous l'imitons en partie dans ce qui doit constituer le crédit. Cela ne peut être fait que par une grande association où l'intérêt de tous domine l'intérêt particulier.

Là où nous ne voulons pas imiter le crédit commercial, c'est dans ce qu'il a de factice et de momentané. Nous comprenons très-bien que la banque de France limite la durée de l'échéance pour l'escompte à trois mois, parce qu'un négociant qui subit toutes les fluctuations de sa position, peut être très-solide le 1er janvier et devenir mauvais le 1er juillet.

Dans notre système, c'est le sol, base de tout système politique, commercial et social, qui est la garantie principale. Il n'est, lui, sujet à aucune fluctuation ni politique, ni commerciale; il est là pour garantir ce qui lui sera avancé en soins, en argent et en industrie. Aussi, dans nos statuts, la Banque agricole sera autorisée à prêter pour dix ans, et, au lieu de trois signagnatures qu'exige la banque de France, elle ne demandera que celle du propriétaire avec l'inscription hypothécaire, estimant comme meilleure valeur que celle de deux autres signatures, la valeur du sol bien discutée et bien appréciée.

Pour que le capitaliste comprenne que la sécurité sera plus grande qu'elle ne l'était précédemment, il suffira d'établir que dans le cas où le débiteur ne pourrait rien rembourser à l'échéance de ses effets, sur le protêt dressé suivant les usages de la loi commerciale, et après qu'il aurait été signifié à la Banque, elle rembourserait le tiers porteur et suivrait, pour la réintégration de son capital , le mode ordinaire des expropriations, ou bien un mode plus abrégé par des modifications à apporter.

La Banque ne prêtant au plus que les 5/8 de la valeur de l'immeuble, la certitude du payement serait acquise au porteur qui n'aurait pas à craindre les fraudes existant aujourd'hui, au sujet des deux années d'intérêt et la courante, qui souvent même, après avoir été payées par le débiteur, se reproduisent dans les ordres judiciaires, au détriment du dernier créancier inscrit.

Quant aux billets de la Banque et à leur circulation, pour le moment elle sera forcée et déclarée légale. Cette mesure ne pourra faire difficulté, puisqu'elle reposera sur la garantie du portefeuille et de l'encaisse en numéraire.

Nous n'avons pas besoin d'insister pour prouver que le cours des billets sera facile. Ils reposeront sur des certitudes et pas sur des éventualités. Ils ne seront émis que successivement ; cette émission sera représentée principalement par le sol mobilisé dans le portefeuille de la Banque , dont la valeur restera la même.

Ils auront de plus, pour garantie, le fonds social de 500 millions de numéraire.

Nul doute qu'en présence de pareilles garanties la circulation n'en soit plus facile que celle des billets de la banque de France.

Quant à l'énormité du chiffre, on ne doit pas s'en préoccuper ; loin de nuire au commerce en général , il lui sera plus utile. Car si l'agriculture se procure des fonds à 3 pour 100, elle qui l'avait à si chers deniers auparavant , le négociant pourra l'avoir à meilleur marché, surtout pour les transactions ordinaires et sûres ; car l'un des effets du système que nous proposons est nécessairement d'abaisser le taux de l'intérêt.

Les émissions des billets de la Banque agricole ne doivent pas être considérées comme une entrave à la circulation du numéraire ; ils peuvent être acceptés comme numéraire même, puisque c'est par une association entre les agriculteurs et les capitalistes qu'ils sont mis en circulation, association où tous trouvent leur bénéfice, les uns en développant leur industrie, les autres en ayant la certitude de n'avoir plus

de mauvaises chances à courir sur des capitaux mal placés.

Cette augmentation de capital procure à la France plus de richesse. Qu'il nous soit permis de citer la Hollande, qui, avec les valeurs dont elle dispose, est le pays le plus riche, malgré le peu d'étendue de son territoire, et cela par les associations entre le producteur et le capitaliste.

Au lieu de nuire au crédit, notre système le relève; au lieu de faire disparaître de la circulation l'argent monnayé, il l'y fera rentrer dans un temps normal, précisément parce que la monnaie factice offrira plus de garantie; et qu'est l'argent lui-même, sinon une manière de payement conventionnelle? Faites que le fer ou le cuivre soient plus rares que l'argent, leur valeur lui sera supérieure. Dans notre système, ce qui constitue la monnaie courante, c'est le billet de la Banque agricole. D'où vient-il? du sol, qu'il représente d'une manière immédiate et sûre.

Ce dont il faut aussi se pénétrer, c'est que l'agriculture a toujours suivi une marche ascendante, malgré les entraves sans nombre dont elle a été l'objet. Le jour où elle sera sûre d'une assistance positive, son développement sera immense ; ce n'est pas trop dire que d'avancer qu'à l'expiration des quinze premières années, son bilan hypothécaire sera réduit de moitié.

Peut-on comprendre quelle source de richesses aurait la France, si le sol ne devait que la moitié de ce qu'il doit ? Elle serait énorme. L'institution de la Banque agricole y tend par la nature et l'efficacité des secours qu'elle apporte.

Nous avons démontré quels étaient les rapports entre la Banque agricole, le commerce, l'industrie et la classe ouvrière ; nous avons à examiner à présent ses rapports avec l'État.

Si l'État n'est pas admis par nous à une part active dans l'exécution des Banques agricoles, c'est que nous ne croyons pas qu'il soit utile de mêler les intérêts de l'Etat aux intérêts privés en cette matière ; il conservera cependant la surveillance la plus sévère, par ses représentants dans la capitale et dans les départements.

Les statuts de la Banque agricole lui accorderont un surveillant-général à Paris, qui, concurremment avec le directeur-général, occupera l'hôtel de la banque agricole. Il sera créé vingt inspecteurs-généraux qui auront pour mission de surveiller constamment les opérations de tous les comptoirs; ils aviseront à ce que les crédits ne soient pas dépassés, que tous les services marchent dans le but que l'on s'était proposé. Ils vérifieront le portefeuille, les encaisses, les certificats au bureau des hypothèques, et tous les trois mois chacun d'eux, pour la circonscription qu'il aura parcourue, fera un rapport qu'il adressera au conseil d'État ou au ministre des finances, afin qu'il compare ces diverses situations avec celles remises par l'administration de la Banque agricole. Il sera impossible alors avec une surveillance aussi complète de s'éloigner de la lettre des statuts.

En permettant à la Banque agricole d'établir son fonds social au capital de 500 millions, en lui donnant la facilité d'émettre six fois son capital au fur et à mesure de ses besoins, l'Etat ne peut pas laisser des bénéfices aussi considérables aux actionnaires, alors surtout qu'il eut atteindre d'une manière indirecte le capitaliste par l'impôt.

Il sera donc établi sur les livres de toutes les Banques un compte de profits et pertes où se dresseront, jour par jour, les intérêts que la Banque recevrait sur les prêts hypothécaires.

Après que les frais divers, et d'employés seront prélevés, il sera accordé aux bailleurs de fonds du capital social un intérêt de 6 pour 100. Le surplus des bénéfices de la circulation sera perçu par l'Etat à titre d'impôt.

Il est à peu près certain que la Banque, dès sa création, tendra à acquérir promptement son développement complet. Prenant donc l'intérêt à 3 pour 100, répété six fois, on arrive sur le capital de 500 millions, à 18 pour 100 tous les ans, soit : 90,000,000

A déduire :

Pour frais divers, employés et direc- teurs sur toute la France . . . . 5,000,000 ⎫
Intérêt à 6 pour 100 sur 500 millions . . 30,000,000 ⎬ 40,000,000
Amortissement . . 5,000,000 ⎭

C'est donc environ 50,000,000 qui resteraient à l'Etat à titre d'impôt sur la

Banque; il obtiendrait déjà plus de cette manière que par l'impôt sur le capital.

Qu'il nous soit permis, avant d'en finir avec
l'Etat, de faire, à propos de cet impôt, quelques observations dont la justesse nous a été
dictée par la pratique.

Sans doute, le capitaliste qui vient d'être pris
au dépourvu subira pour le moment la loi qui
lui a été faite par le dernier décret, mais il ne
faut pas se le dissimuler, il cherchera dès qu'il
le pourra, à s'y soustraire, soit en forçant le
débiteur à lui donner, de la main à la main, le
montant de l'impôt pour le renouvellement du
contrat qui sera passé, soit en plaçant son argent d'une manière qui ne soit pas apparente,
et dans ce cas, il forcera son débiteur au remboursement de ce qui lui sera dû; de là naî-
tront des expropriations sans nombre, qu'il ne
sera au pouvoir de personne d'empêcher; de là
une dépréciation énorme de la fortune publique. Les fortunes territoriales venant à s'a-
moindrir, on ne peut, sans frémir, en sonder
toutes les conséquences; le découragement de
l'agriculture serait au bout de cette impasse.

Nous l'avons déjà assez dit, le chiffre de

4 milliards, utilisé par la Banque agricole au moyen des négociations qu'elle sera autorisée à faire, pourvoira à tous les besoins ; elle viendra au secours de toutes les positions, l'expérience l'a déjà démontré ; le propriétaire qui augmente ses revenus ne les entasse presque jamais, il les emploie, soit au confortable intérieur et extérieur, soit à des améliorations sur le sol. Par là, il vivifie toutes les branches du commerce et de l'industrie.

La classe ouvrière qui est l'objet de toutes les préoccupations, sera la première à profiter du bien-être général : les choses de première nécessité lui seront vendues à un prix très-bas, leur qualité sera supérieure à ce qu'elle est aujourd'hui ; il est de science certaine que plus une marchandise abonde , plus elle est à bas prix, et moins elle est fraudée.

Quant à vouloir prêter à l'agriculture et à la propriété au-dessus de 3 pour 100, c'est comprendre le mal sans y porter remède.

Ainsi, sous tous les rapports, le gouvernement est intéressé à donner à cette idée un grand développement, par là il attache la destinée de l'agriculture à sa destinée. Le bénéfice de l'impôt lui est assuré. La République qui aura sauvé l'agriculture, pourra lui demander tous les sacrifices que commanderont les circonstances. Si nous examinons maintenant l'état où elle se trouve, elle est sans ressources et ne peut être d'aucun service à l'Etat.

La Banque aura la confiance de tous les capitalistes, ses opérations reposeront sur le sol, toute autre affaire que celle-là lui sera interdite.

Il ne faut pas non plus confondre l'emprunt forcé que nous demandons avec ce qu'on appelle contribution extraordinaire. Ces appels au pays étaient pour la plupart, et tous pourrions-nous dire, presque improductifs pour lui. Ici, au contraire, il s'agit d'un véritable placement, et l'Etat, par ses représentants, pourra d'autant mieux l'imposer, que ce placement sera plus sûr et plus avantageux, et que, comme cela a été déjà dit, tout arrivera au secours de l'Etat, de l'agriculture, du commerce, de l'industrie et surtout de la classe ouvrière dont il faut se préoccuper.

La Restauration, en faisant allouer un milliard d'indemnité aux émigrés, ne ruina pas la

France et cependant alors nous sortions d'une guerre dont nous avions payé tous les frais aux armées étrangères ; pourquoi donc aujourd'hui, pour une chose utile à la société entière, reculerait-on devant la nécessité ? Pour nous, la confiance que nous avons aux bonnes intentions de l'Assemblée nationale, à son bon sens ainsi qu'à celui du Gouvernement, ne nous a pas permis un instant d'hésiter devant l'expression d'un besoin dont il faut se préoccuper sur-le-champ.

Attendre trop longtemps est souvent un malheur irréparable ; nous aurons toujours rempli ce que nous appelons un devoir, celui d'introduire dans le pays les idées que la pratique et l'étude nous ont suggérées, trop heureux si nous pouvons apporter quelques lumières dans cette grave question.

Statuts

DE LA

BANQUE AGRICOLE.

ARTICLE PREMIER.

Il sera créé une Banque agricole de crédit et de circulation au capital social de 500 millions, au moyen d'un emprunt forcé, imposé progressivement sur toute la France, réparti sur les capitaux et sur les immeubles, avec la faculté d'émettre jusqu'à six fois, en billets de banque, la valeur du capital social monétaire, et suivant la forme qui sera indiquée.

ART. 2.

Le siége du principal établissement sera fixé à Paris. Dans chaque chef-lieu de département il existera une succursale de la Banque, et chaque chef-lieu d'arrondissement possédera une subdivision de la succursale.

ART. 3.

Le principal établissement sera régi par un directeur

général qui aura sous ses ordres deux sous-directeurs, deux contrôleurs, un caissier-général et un chef de comptabilité ; chacune de ces branches d'administration sera augmentée par les employés que nécessitera le travail de la Banque agricole et suivant la présentation qui sera faite par le directeur-général au conseil d'administration, qui seul aura le droit de statuer.

Le directeur-général et les deux sous-directeurs seront nommés par le gouvernement, sur la présentation du conseil d'administration.

ART. 4.

Les succursales de chef-lieu de département, auront chacune un directeur-gérant, un caissier et un chef de comptabilité, avec les employés nécessaires au travail du département ; il y aura également un conseil d'administration, choisi dans le chef-lieu du département, composé de onze membres, pris parmi les plus forts bailleurs de fonds de la Banque agricole, ils auront la mission de surveiller toutes les opérations qui seront faites dans le comptoir, et tous les trois mois ils feront établir une situation générale qui sera vérifiée en conseil général, et le double de la délibération en sera adressé au principal établissement, à Paris.

Les divisions de chaque chef-lieu d'arrondissement se

composeront d'un sous-directeur qui sera en même temps chef de comptabilité, et d'un caissier. Le nombre des employés sera limité par le conseil d'administration du chef-lieu de département sur la présentation du sous-directeur.

Dans chaque chef-lieu d'arrondissement il y aura un conseil de surveillance composé de cinq membres, pris parmi les plus forts bailleurs de fonds de la commune où se trouve la division de l'arrondissement; ils devront se réunir tous les mois pour l'examen des opérations de la Banque, et tous les trois mois il y aura un conseil général où seront résumées toutes les affaires de la Banque, dont le double sera envoyé au chef-lieu de département, qui, après en avoir pris connaissance, statuera à la première réunion qui suivra le reçu de l'envoi, sur l'approbation ou le blâme qu'il mérite, et en enverra un extrait avec le libellé de la délibération, à l'établissement général.

Le directeur du chef-lieu de département et les sous-directeurs d'arrondissement ne pourront être révoqués que pour les causes de prévarication et d'incurie, sur la demande qui en sera faite par le conseil d'administration et sur sa délibération, dont le double sera envoyé à Paris, pour que le conseil général puisse statuer; il sera suivi le même mode pour les directeurs de département et les sous-directeurs d'arrondissement, que pour le directeur-général et les sous-directeurs, soit pour leur destitution soit pour leur réélection.

ART. 5.

Le directeur-général, et en son absence les deux sous-directeurs, auront le droit d'assister au conseil d'administration et n'y auront que voix consultative; à eux seuls appartiendra le droit de présentation de tout ce qui se fera dans l'établissement de la Banque.

Les directeurs du chef-lieu de département et les sous-directeurs seront placés dans leurs conseils respectifs dans la même position que le directeur-général et les sous-directeurs de Paris.

Les employés, soit de l'établissement général, soit du chef-lieu de département ou de l'arrondissement seront sous les ordres de leurs directeur ou sous-directeurs respectifs; néanmoins, ils ne pourront être renvoyés que sur une délibération de leur conseil d'administration qui seul pourra les nommer ou les révoquer sur le rapport du directeur ou du sous-directeur.

ART. 6.

Il sera pris parmi le conseil d'administration de chaque

chef-lieu de département ou d'arrondissement deux membres qui devront deux fois par semaine vérifier toutes les branches de l'administration et dresser procès-verbal dont le contenu sera communiqué à l'Assemblée générale de chaque mois ; chacun des deux membres d'administration sera de service pendant deux semaines et devra être convoqué à domicile.

Les états de situation remis au conseil général de chaque mois énuméreront l'argent en caisse, les effets en portefeuille, les billets de banque en circulation et ceux qui après avoir été créés seront encore dans les coffres du comptoir.

ART. 7.

A l'établissement général de la Banque agricole, il sera attaché six experts ; à chaque chef-lieu de département et d'arrondissement il y aura deux experts, tous domiciliés dans la commune du siége de l'établissement où ils seront attachés, ils seront nommés et pourront être révoqués sur la demande du directeur et sous-directeur, approuvées par le conseil d'administration.

ART. 8.

Les prêts seront faits pour dix ans. Il pourra être accordé, pour une partie de la dette, une prorogation de cinq ans, à des conditions déterminés ci-dessous.

ART. 9.

Tout propriétaire qui voudra emprunter à la Banque agricole devra en adresser la demande au directeur ou sous-directeur de son arrondissement, lequel, après en avoir donné connaissance à son conseil d'administration et après en avoir reçu l'autorisation, fera estimer par les deux experts, contradictoirement avec le propriétaire, l'immeuble sur lequel on veut emprunter. La demande de l'emprunt devra être accompagnée de tous les titres qui constatent la propriété; s'il est marié, du contrat de mariage. Ces pièces seront soumises au notaire du département ou de l'arrondissement, nommé à cet effet, qui en vérifiera l'exactitude sous sa responsabilité personnelle. Le rapport de l'estimation sera soumis au conseil d'administration, qui pourra autoriser le directeur à ouvrir un crédit au propriétaire jusqu'à concurrence des 5/8 de la valeur estimative et aux clauses de l'art. 10.

ART. 10.

Après que le conseil d'administration, sur le rapport des experts, présenté par le directeur ou sous-directeur, aura autorisé à prêter au détenteur de l'immeuble à hypothèque et qu'il aura limité l'importance, le directeur devra se faire donner la déclaration du notaire qui constatera que les pièces sont en règle et irréprochables, un certificat du bureau des hypothèques qui déclare que la propriété n'est pas grévée, ou que si elle l'est, le chiffre des hypothèques n'atteint pas celui fixé par le conseil d'administration, déduction faite des intérêts retenus en dedans, ainsi que cela sera expliqué plus bas. Dans le cas où le chiffre des hypothèques déjà prises dépasserait celui atteint, le directeur ne pourrait donner suite à la demande de l'emprunteur ; au contraire, s'il ne l'atteignait pas, il garderait dans la caisse du comptoir les sommes dues à des tiers et ne remettrait à l'emprunteur que ce qui excéderait.

L'emprunteur qui serait dans les conditions imposées pour recevoir, souscrirait une hypothèque par un acte en ouverture de crédit pour la totalité de la somme autorisée par le conseil d'administration, et pour ce qui lui reviendrait à recevoir, souscrirait au fur et à mesure de ses besoins des lettres de change à l'ordre de la Banque de France agricole pour les sommes qu'il toucherait, et qui toutes remonteraient pour l'hypothèque au jour où l'acte aurait été passé.

La priorité pour le rang d'autres hypothèques prises dans le même jour que celui de la Banque agricole lui sera acquise en dérogation aux usages consacrés par le Code civil et par les arrêts de Cour d'appel. Elle ne sera pas non plus soumise aux dix jours que demande la loi commerciale sur les faillites, de 1838. En un mot, par ce seul fait que l'inscription sera prise au bénéfice de la Banque, elle ne pourra pas être contestée, sous quelque prétexte et à quelque titre que ce soit. Il en sera de même pour toutes les reprises de femme autres que celles indiquées par le contrat de mariage et qui n'étaient pas connues par une inscription au bureau des hypothèques lors de la passation de l'acte en faveur de la Banque agricole.

ART. 11.

Lorsque toutes les conditions imposées à l'emprunteur seront résolues, il lui sera délivré une feuille dite de *crédit*, qui contiendra d'un côté le montant de l'ouverture de crédit, l'échéance du remboursement, la date du jour de l'inscription ; de l'autre seront consignés le montant des effets souscrits par le débiteur à l'ordre de la Banque agricole, et leurs échéances. Ces feuilles de crédit seront signées en double par le directeur de la Banque et l'emprunteur. Chacun gardera le sien.

ART. 12.

Le débiteur qui aura emprunté à la Banque agricole, trouvera indiqué sur la feuille dite de crédit, que, dans le cas où il aurait besoin d'une prolongation de délai pour se libérer, il sera obligé 1° d'en prévenir la Banque avant le commencement de la dernière année de son échéance ; 2° de déclarer qu'il est prêt à compter la moitié des avances qui lui ont été faites. Après qu'il aura rempli ces conditions et si la propriété n'est pas dépréciée, il lui sera accordé un nouveau délai de cinq ans pour le montant de sa dette.

ART. 13.

Cependant, comme il serait possible que les propriétés rurales et immobilières eussent acquis une plus grande valeur que celle qu'elles avaient précédemment, le conseil d'administration de chaque département sera appelé à juger l'opportunité d'un nouveau délai de dix ans pour la dette primitivement établie, à la charge cependant pour le débiteur de payer en *dedans* le montant des intérêts ; il faudra, pour que cette prolongation soit accordée, que l'amélioration de l'immeuble soit bien constatée.

ART. 14.

Le débiteur dont la propriété n'aura pas subi de grandes améliorations, et qui ne pourra pas rembourser la moitié de la somme qui lui aura été donnée par la Banque agricole, sera, quinze jours après le protêt de ses effets venus à l'échéance, assigné à comparaître dans la huitaine par devant et à l'audience du tribunal civil du lieu où se trouve situé l'immeuble hypothéqué, et les affaires appartenant à la Banque seront jugées d'urgence le jour fixé dans l'assignation, sans qu'il puisse être apporté aucun retard, ni par le tribunal, ni par le débiteur. Elles ne seront pas susceptibles d'appel ; le jugement rendu, huit jours après la signification, le débiteur sera exproprié à la requête de la Banque, suivant les modes et usages déjà consacrés.

ART. 15.

Après qu'un effet venu à échéance aura été protesté faute de payement, la Banque sera obligé au remboursement quinze jours après.

ART. 16.

Toute opération autre que celle qui auront le sol pour garantie, est interdite à la Banque agricole, elle ne peut et ne pourra fonctionner qu'en suivant la lettre de ses statuts.

ART. 17.

Le privilége exclusif pour les prêts hypothécaires, suivant les statuts, est concédé à la Banque agricole pour l'espace de vingt-cinq années, à partir du jour du décret.

ART. 18.

L'Etat nommera, à titre de surveillants, un co-directeur à l'établissement général de la Banque de France agricole à Paris, il surveillera toutes les opérations qui seront faites, soit dans l'établissement général, soit par le relevé qui sera remis trimestriellement par les Banques des départements.

Il sera créé par l'Etat vingt inspecteurs qui auront pour mission de surveiller les opérations des Banques départementales ; ils se diviseront par égale portion la circonscription qu'ils auront à parcourir, et tous les trois mois, ils remettront à l'Etat le relevé exact de leur travail. Ils auront pour mission de vérifier dans chaque comptoir les espèces en caisse, les effets en portefeuille, le montant des billets en circulation, et ceux qui, après avoir été créés, seraient encore dans les caisses des comptoirs ; ils examineront aussi si les crédits n'auront pas été dépassés, et si les certificats au bureau des hypothèques sont exactement faits.

ART. 19.

Le conseil général du département de la Seine sera composé des vingt-cinq principaux bailleurs de fonds du département.

ART. 20.

La Banque agricole sera obligée dans tous ses comptoirs d'avoir un livre spécial qui contiendra les intérêts qu'elle recevra ou qu'elle payera.

Après avoir prélevé tous les frais généraux et d'employés, 6 pour 100 pour le service des intérêts aux bailleurs de fonds, cinp millions pour l'amortissement, la Banque fera verser au Trésor l'excédent de ces divers payements, et ce, sous la surveillance du ministre des finances, à qui un état général sera remis.